CABALLO NEGRO

—Cantos de la Muerte—

Ernesto Oregel

Caballo Negro

CABALLO NEGRO
—Cantos de la Muerte—

Ernesto Oregel

ISBN 1-59196-341-9

Printed in the United States of America by InstantPublisher.com

Contenido

Contenido v

Introducción vi

Dedicatoria xv

Agradecimiento xvi

Caballo negro 1

Carta a mi madre 9

Last Letter to Mother 14

Mamagrande 19

Ladrido de noche de muertos 23

Night of the Howling Death 28

Introducción

Nuestro entrañable amigo y compañero de fatigas en las frías tierras de Nueva Inglaterra, Ernesto Oregel Vega, nos ofrece este su tercer libro de poemas y otros escritos y es para mí un gran placer añadirle unas escuetas palabras de introducción.

Los temas de los escritos que aquí encontrarás, lector, tornan en esta ocasión alrededor del ocaso de la vida, la muerte y sus postrimerías, un libro de nostalgia de los seres queridos que ya no están con nosotros. Los orígenes de este libro se remontan entre veinte y treinta años en el tiempo antes del tiempo de su publicación. (Hasta la foto de Ernesto que verás en la contraportada de este libro es de la época en la que se gestó.)

La temática de este libro bien pudiera parecer tétrica en una primera instancia, pero no se asuste el lector, que para un mexicano como Ernesto la muerte es parte integral de la vida, algo completamente asumido y frecuentemente celebrado. (Quizá de todos sea conocida la festividad del "Día de la Muerte" en México, que es continuación de una festividad indígena prehispánica en la que se celebraban conjuntamente a los niños y a los difuntos y, por tanto, ambas la vida y la muerte, es decir, la continuidad de la vida.)

No es, por otro lado, Ernesto alguien a quien asociaríamos con el tema de la muerte los que lo conocemos personalmente, aunque a él le haya tocado encontrarse con la dama en cuestión en numerosas ocasiones. No, Ernesto es una persona cuya vitalidad, entusiasmo y juventud de espíritu asombran a cualquiera que lo conozca, aunque sean cualidades éstas que quizá uno que no lo conociera no asociaría con alguien de sus (hasta muy recientemente) venerables y pobladísimas barbas blancas.

Los que hemos tenido el placer de compartir con él en las bohemias tertulias literarias de Salem podemos atestiguar que es él el motor que nos inspira a expresarnos con fervor literario en tenor de vida y pasión, disfrutando de la compañía de buenos compañeros y compañeras. Cuando Ernesto nos lee uno de sus escritos entre sorbo y

sorbo del embriagador néctar, como
lo llamaría él, cada palabra fluye
con una expresividad, riqueza y
pureza que vibran con pasión en
nuestros oídos. Somos pues
afortunados de tener ahora en
nuestras manos otra colección de
sus bellas composiciones literarias
plasmadas por la imprenta en esta
joyita que ahora tiene el lector en
sus manos.

Los dos primeros escritos de esta
colección son recuerdos de un
hermano y de la madre del autor
que, tras haber emigrado Ernesto a
California en su juventud, se habían
vuelto distantes en el espacio, que
no en el amor que él les profesaba.
No es fácil la vida del emigrante,
desenraizado y transplantado a
nuevas tierras. Sobre todo los lazos
con la familia que se quedó atrás se

convierten en obsesión para el hijo
pródigo tras el periodo de euforia
juvenil en el que le parece a uno que
la vida es eterna y que las
relaciones dejadas atrás siempre se
pueden recuperar. No es sino más
tarde que uno se da cuenta de las
dificultades que entraña dicha
empresa una vez que el
transplantado ha echado raíces en
la nueva tierra. Quizá a eso se deba
la intensidad de los recuerdos que el
emigrante siente en sus adentros,
que se intensifican aún más en
momentos en que los que se
quedaron atrás dejan este mundo y
se da uno cuenta de la imposibilidad
de recuperar el tiempo perdido,
aunque bien es verdad que las
dificultades de viajar no son ya lo
que eran antaño.

El primer escrito de esta colección, el principal se podría decir, es un canto, un corrido para ser exactos, de Ernesto a su hermano Serafín, a quien cuando falleció él no había visto desde hacía años. Tampoco muerto lo hubo de ver, pues para cuando llegó Ernesto a México, su querido hermano había sido ya enterrado. Por esto mismo quizás, Ernesto se debió quedar con un vacío en su fuero interior que sólo unos años más tarde llenaría con este poema en el que ensalza las virtudes de su querido hermano, llevado de esta tierra para siempre en su caballo negro.

Carta a mi madre es el título del segundo descrito de esta colección. Una bella y expresiva misiva escrita por el autor desde California a su anciana madre. Es la última carta

que le escribió, tal como nos revela
el título de la traducción al inglés
que sigue al original en castellano,
pues ella fallecería a los pocos días
de recibirla. Tan tierna como
expresiva, esta carta nos revela el
gran amor del autor por su madre,
matriarca de una gran familia y por
todos adorada.

Mamagrande, la tercera pieza de
este librito, relata una conversación
verídica entre el autor y una sobrina
suya sobre un sueño que ella tuvo
—¿o sucedió en la realidad?—acerca
de su abuela (o mamagrande, como
se dice en México), algo así como
una visita de ultratumba de la
difunta. Este también corto relato,
asimismo nos da mucho que pensar
sobre la familia, la muerte y, claro,
la vida.

La cuarta parte de esta colección, también recogida en versiones en español y en inglés, se titula *Ladrido de noche de muertos* y, a diferencia de las secciones precedentes, es una breve historia de ficción. Es tan breve el relato como punzante y anonadante es la historia que nos cuenta, historia que nos hace reflexionar sobre la debilidad humana, la soledad, las relaciones familiares, la sociedad, la infancia y las consecuencias de nuestras acciones en momentos de amargo dolor y desesperación. El relato nos obliga a preguntarnos qué situación real le habrá llevado a Ernesto a escribir algo tan trágico y tan triste. Sin duda que sus vivencias le habrán puesto en contacto con el sufrimiento y la miseria humana y uno pudiera llegar a pensar que toda esa miseria y sufrimiento se han plasmado de manera altamente concentrada en este brevísimo relato que tanto nos impacta y nos persigue tras su lectura.

En resumen, tenemos aquí una prueba más de la vitalidad, fecundidad y profundidad de la labor creativa de Ernesto Oregel Vega, que sin duda será del agrado de sus lectores. Gracias, Ernesto. Y que vivas muchos años más y los disfrutes con salud. Y dinero y amor, por supuesto.

Jon Aske

Dedicatoria

Con amor sin muerte, dedico estos cuatro cantos de mi lira a todos los hijos e hijas de mi hermano y mis hermanas, que moran ya en el más allá. Que a mis sobrinos y sobrinas les acompañen en sus vidas estos sones de mi guitarra que nacen hoy para que en ellos nazca fresco e imperecedero un eterno mañana.

Agradecimiento

Gracias, Jon, vasco amigo de este viejo caminante. Gracias por darle la mano a este trovador romero. Mientras caminando va, cantando solo y ensentimentado, siempre le tiendes la mano para que evite él escollos. Generoso eres, Dr. Aske, profesor de lingüística, por regalarle tus juicios tan altos y encomiantes. Gracias te da este viajero por darles alas a sus pensamientos, nacidos ante el dolor propio y ajeno. Cada paso en el sendero dejado atrás es historia. Cada juicio tuyo escrito ahora, será un impetuoso grito que vitoreará tu gesto gentil y tu memoria.

Agradezco también a **Acapulcos** de Beverly, Massachusetts y a su administrador, Francisco J. Lepe, a quien me place llamarlo un buen Mecenas. Complacido me siento con el regalo de su patrocinio para hacer espigar esta tierra mía sembrada de dolidas letras, tierra sembrada de amor con la ilusión de que florezca.

Mexican Family Restaurant & Cantina

694 Boston Post Rd.	15 Main St.	900 Cumming Center
Sudbury, MA (Rt. 20)	Franklin, MA (Rt. 140)	Beverly, MA (Rt. 62)
978-443-3970	508-520-0696	978-232-0100

Serafín Oregel Vega

Caballo negro

Hoy, damas y caballeros,
vengo a cantarles la historia
de uno de los meros buenos
que espero me oiga en la gloria.

Montado en mi cuaco negro
llego aquí a Las Guacamayas,
buscando a mi hermano médico
para brindar en La Playa.

Con el corazón herido
desde la Nueva Inglaterra
pa' que me cure con vino
es que he venido a esta tierra.

Traigo un dolor en el pecho
que me sube a la garganta,
y hablando pleno y derecho
siento que me falta el alma.

Sólo él que bien me conoce
puede curarme los males.
Para eso vine aquel once
de junio cruzando mares.

Seis años hacía sin verlo,
y sin verlo di la vuelta.
Cuatro años más hoy, regreso
buscando cerrar la cuenta.

Serafín Oregel Vega
mi médico michoacano,
en su caballo aquí llega
de lejos tu enfermo hermano.

Enfermo de sentimiento
por no haber podido verte,
quiero pedirte un remedio
pa' hacer la paz con la muerte.

Cuando te fuiste con ella
sin esperar mi llegada,
me metí en una botella
de esa agua que es llamarada.

De aguardiente en aguardiente,
en lomos de mi caballo,
con la canción del ausente
transito la vida diario.

Este aguardiente que quema,
licor de desesperanza,
es el mal que a mí me enferma.
Médico, mi mal no es chanza.

Quiero que pronto me cures
antes de que tarde se haga.
El juego de los albures
no es algo que me empalaga.

Te pido que nos veamos
para hablar de esto y de aquello
que en el puño de tus manos
escondido se fue al cielo.

De pocas palabras eras
porque pensando vivías
cómo plantar primaveras
al pie del mar y sus rías.

Trabajar fue tu querer;
gustar, tu segundo amor:
vivir la vida a placer
sin miedo alguno al dolor.

Cuando a comer te sentabas
con tu mujer y tus hijos,
una copa y dos gustabas
sin faltarte los amigos.

Después de una breve siesta
continuabas tus labores
porque el trabajo era fiesta
y el mayor de tus amores.

Tomabas por amistades,
no porque borracho fueras.
Tus brindis eran sociales
frente al mar, bajo palmeras.

Te fuiste tan de repente
que no hubo tiempo de nada.
Dejaste atrás mucha gente
muy triste y desconsolada.

Sin saber dónde ni cuándo
te encontrarías con la muerte,
queriendo ver a Fernando,
tu bendición fue su suerte.

Querido médico, hermano,
cómo quisiera que un día
bajaras a echarte un trago
para hacernos compañía.

Era por ti que yo a veces
volver pensaba a mi tierra,
y a Dios le pedía en mis preces
que sí nos lo concediera.

Ahora que ya te has ido
no tengo hermanos ni hermanas.
De mi cuaco negro asido
recorro sierras y playas.

Por tu familia no penes.
Son ellos, ellas, corona;
son laureles en las sienes
del busto de tu persona.

Ya con ésta me despido
de la costa michoacana
cantándote este corrido
con un brindis de botana.

Gracias por haberme dado
medicina pa' mis males.
Los dos, yo y mi caballo,
nos sentimos bien cabales.

El verde de la esperanza
renació en mi corazón,
y es hoy mi desesperanza
una bella inspiración.

Veo la muerte revestida
de luces y de colores
con facciones de la vida
de verdaderos amores.

Antes de que yo me vaya
desandando mi camino,
quiero en tu casa de Playa
tomarme contigo un vino.

Quiero pedirte que lleves
un saludo caluroso
a hermanos, padres y seres
nuestros del hogar glorioso.

Alfonso, Laura, Fernando,
la Chata, Mar, Gabi, Sera
y Álex—racimo humano,
orgullo de una palmera:

Por ustedes daba él su alma
con tal de verlos letrados
—cocos llenos de su palma,
médicos o abogados.

Por amor a vuestro padre,
hijos todos de él queridos:
que el amor a vuestra madre
os mantenga siempre unidos.

Ya, mi caballo alazán,
cumplida está mi misión.
Las olas vienen y van;
y va en ellas mi canción.

Caballo alazán, mi amigo
consentido de la tierra,
desandemos el camino
por el rumbo de la sierra.

Quiero ver las Encinillas,
propiedades de mi abuelo:
pinares de maravillas,
trasplantados en el cielo.

En el hospital del Puerto
Lázaro Cárdenas diste
tu último suspiro y, muerto,
a vida sin fin naciste.

A las dos de la mañana,
mes de junio, día noveno,
en la costa michoacana
te embarcaste al mundo eterno.

Año del mil novecientos
noventa y tres en papel
de oro vivirán los restos
de Serafín Oregel.

Carta a mi madre

Como de costumbre
aquí me tienes
en forma de letra
una vez más.
Pero esta vez
es especial.
Con un abrazo
amplio y apretado
te traigo
los saludos y recuerdos
de todos los de tu casa
regados
en el norte de California.
No vengo solo, pues.
Somos muchos
los que en este pliego
llegamos
a tu lecho
para rodearte
de cariño
y

para comunicarte
la alegría
que nos inyecta
tu presencia luminosa
sobre la tierra.
Te necesitamos ahora
tanto
como
te necesitamos ayer
en los días
de nuestra infancia.
La fortaleza
de tu sonrisa ante el dolor
nos falta
acrecentadamente.
Por eso
nos acercamos
con amor a ti,
para aprender
de tu reciedumbre
octogenaria.
Desde lejos
venimos

con las manos heladas,
deseosos
de anidarlas en las tuyas
para calentarlas.
Venimos
con la gana de verte
levantada
para convivir
nuestras pláticas
y nuestras noches
de guitarra.
Venimos
con la premura
de los pájaros
para
aliviarte y darte
la nueva
de otra primavera.
Las nieves de tu invierno
son
una llamarada
en las cordilleras
de tus trenzas.

Te queremos
ver
de nuevo
caminando,
enquehacerada,
echando tus pasos
al mercado
para traerles
botanas a tus hijos.
Así te queremos ver
de nuevo,
activa y contenta,
dándoles comida y cariño
a tus palomas,
que son música de mañanitas
en el pasillo de tu casa.
Levántate,
danos ese gusto.
Queremos todos
pasar tu día alegres
alrededor de ti.
Marianita,
prima,

tía,
madre,
sabemos que estás cansada.
Perdona
nuestras insistencias.
Te dejamos.
Duérmete un sueño más
para que rehagas
tus fuerzas
y nos hables más tarde
de tus esperanzas
y grandezas.
Queremos
escuchar
los latidos
de tu corazón
en verbos de oro,
tus sabios consejos
y
—para celebrar tu fiesta—
los mariachis
entusiasmados de tu amor.

Last Letter to Mother

As always
here I am in letter form
once more.
But this time,
it's special.
With a hug
—ample and tight—,
I bring you
greetings and regards
from all
your loved ones
spread out
in northern California.
I'm not
coming alone,
as you can see.
It is so many of us
arriving,
in this sheet of paper,
by your bedside
to surround you

with lovingness
and
to share with you
the happiness
your luminous presence
on earth
injects us with.
We need you
now
as much
as we did need you
yesterday
in the days
of our childhood.
Your smiling fortitude
before distress
is falling short
in us
increasingly.
For this,
we come near you
to learn
from your octogenarian

strength.
We come
from far away
with our hands frozen,
looking for to nest them underneath
yours
to get them warm.
We come
wishing to see you
getting up
to join our chats
and guitar nights.
We're coming
hastily
like birds
to bring you healing
and
the news of another spring.
Your winter snow
is a blaze
upon the cordillera
of your hair.
We want

to see you again
walking,
busy,
taking off to the market
to bring your children
appetizers.
That's the way
we'd like to see you again:
active and joyous,
giving food and lovingness
to your doves,
which are
music of *mañanitas*
in the hallway
of your house.
Rise up.
Give us that pleasure.
We'd love
to spend your day
content,
reunited around you.
Marianita:
cousin,

aunt,
Mother,
we know you're tired.
Forgive us for insisting.
We'll leave you alone.
Sleep
for another while
so you regain your strength
and later on
you speak to us
about your dreams
and greatnesses.
We'd like
to listen to your wise
exhortations,
and
—to celebrate your fiesta—
to
the enthusiastic
mariachis of your love.

Mamagrande

—No me la puedo quitar de la cabeza. Hace ya un año, y me parece como si la estuviera viendo.

—Soñabas.

—Si no estaba durmiendo.

—Podías haber estado soñando con los ojos abiertos.

—Entretenía mi mente en cosas mejores.

—Sin duda estabas cansada, y los nervios te traicionaron de repente.

—Había dormido como un tronco la noche anterior.

—La debilidad del cuerpo y la fatiga mental causan, a veces, esta especie de pesadillas.

—¡Por Diosito que la vi!

—No es que dude de la veracidad de tus palabras. Dudo de la

contingencia real del hecho. Ten en
cuenta que hay muchos fenómenos
misteriosos como el tuyo que se
pueden explicar por leyes naturales,
sin tener que recurrir a lo
sobrenatural.

—Yo no sé si sea natural o
sobrenatural lo que pasó, pero de
que la vi, estoy tan segura como
segura estoy de estarlo viendo a
usted en estos momentos.

—Dame algunos detalles del
suceso.

—Pensaba que era mi niño
Héctor el que estaba sentado sobre
mis piernas, tiradas sobre la cama.
Cuando levanté los ojos me di
cuenta de que me había equivocado.
Era ella—mi mamá grande—con su
vestido de cuadritos, el mismo que
se había llevado puesto aquella
mañana enlutada del cinco de
diciembre cuando salió de la casa en

una caja de muertos rumbo al
panteón.

—¿La reconociste?

—¡Cómo no la iba a reconocer si
fue ella la que me crió, y fui yo su
nieta consentida! Nunca se me
borrará de la memoria, tío.

—¿Te dijo algo?

—No. Sólo me miraba y sonreía
—con una sonrisa que no es de
muertos—. Se veía igualita como
era ella en vida, como si hubiera
estado haciéndome otra visita,
parecida a la que me hizo pocos días
antes de morir.

—Y tú, ¿le dijiste algo?

—Quise hablarle, pero se me
entumeció la lengua y se me
agrandaron los labios. Un escalofrío
de fiebre se me metió en el cuerpo,
sacudiéndome violentamente. De
momento sentí algo así como si

trataran de sacarme el alma a
tirones.

—Pero, ¿por qué te daba miedo
de volver a ver a tu abuelita, a la
que tanto amabas?

—Sabía que había muerto, y yo a
los muertos les tengo mucho miedo.

Ladrido de noche de muertos

Se arreglaba un rizo medioenredado en la oreja. Pensando en la cruel partida de su marido, a quien la fiera de la guerra vecina se lo había desencajado a tirones de su lado, acariciaba en su mente la esperanza de un pronto retorno. Esta esperanza iluminaba la noche de su angustiosa existencia.

Sólo ella y su niño de dos años de edad llenaban la inmóvil soledad de la enorme alcoba.

Transida de dolor la endeble y macilenta madre sentía apretársele en el cuello las palabras que a veces lograban asomársele a los labios, temerosas y con sabor a quinina.

Inocente y ajeno a la fatídica realidad, el pequeñuelo pasaba el tiempo hablando a solas en el lenguaje aprendido de su genitora, vacío de sonidos y palabras.

Sobrecargada de sufrir, pensar, callar, la pobre esposa todos los días, por largo tiempo, había estado esperando el arribo de la noche para cerrar los ojos y así acallar los gritos enconados de su amargo recuerdo. La oscuridad de la noche, amontonada en la pieza como alguien que se esconde de los fríos dicembrinos, se calentaba al calor de una lámpara de petróleo, que surgía como enrojecida luna apelincada.

—¡Mamá!—exclamó el chico.

—¿Sí? —respondió amorosamente ella.

—¿Papá?—continuó, curioso el niño.

—¡Allí!—tragándose las lágrimas, replicó la perturbada hembra,

señalando con el tembloroso índice
la sombra de la linterna,
distintamente recortada en la pared
con facciones humanas.

৪৩৫৪

Pasó el tiempo. El chico había
aprendido a vivir y conversar con la
reflejada imagen de su padre. Todas
las noches a las mismas horas se
reunían los tres para compartirse el
cariño de familia. Este ritualismo
cesó cuando una tarde canicular
regresó el soldado ausente, a la
vuelta del año.

El chico, acostumbrado al habla
muda de la sombra, no lo reconoció
ni aceptó sus muestras y palabras
de cariño.

Furioso el cabo, embrutecido en
los fragores de la lucha bélica,
maltrató a su esposa, acusándola de

infiel precipitadamente. Y sin esperar explicaciones, echó sus pasos huracanados a la calle.

Con los ojos abotagados y el corazón dándole tumbos, la enjuta mujer salió como un rayo del hogar también y corrió río abajo a llorar a grito abierto sus penares. Pero incapaz de aguantarlos en su psiquis ya exhausta, arrojó su esquelético cuerpecillo enfiebrecido a la corriente violenta.

Con arrepentimiento en sus pensadas, ya tarde en la noche, volvió el fugitivo ex soldado a la vivienda. Venía decidido a conceder, a hacer las paces y a prestar oído a las razones.

Quietamente la densa noche se había metido y anidado en el cubículo, casi críptico, como un gigantesco gato negro.

Como un corderillo entró el esposo. Llamó una, dos, tres veces. Prendió nerviosamente la linterna y buscó en todas partes a su ofendida esposa. Búsqueda vana.

—¿Dónde está?—le preguntó, fuera de sí, el asustado hombre a su hijo taciturno, sentado en un rincón como un fantasma.

Sin proferir palabra ni sonido, respondió el quieto dosañero, apuntando con su tembloroso índice a la luminosa sombra de la lámpara, reflejada en la encalada pared.

Un escalofrío de soledad acuchillante se le hendió al ex soldado entre los huesos, mientras que en el corral aullaba un perro con un aullido demoníaco de noche de muertos.

Night of the Howling Death

She was rearranging a curl dancing on her ear. Thinking of the cruel departure of her man, whom the neighboring war beast had taken away violently from her side, she was entertaining on her mind the hope for his imminent return. This hope enlightened the night of her anguished existence.

She and her two-year-old son alone filled the motionless solitude in the enormous bedroom.

Exhausted with pain, the lean-fleshed, frail mother felt her throat choked by words, which at times managed to appear on her lips timorous and with a taste to quinine.

Innocent and ignorant of the fatidic reality, the toddler spent most of his time talking to his self in the language—empty of sounds and words, learned from his genitrix.

Overtired of suffering and keeping pensive and silent, the miserable wedded wife had been long waiting for every day's night to arrive to shut her eyes and to silence the piercing yelling of her bitter remembering.

The winter night's darkness, piled up in the room like someone hiding from December's coldness, was getting warm by a petroleum lamp emerging as a reddening moon on tiptoes.

"Mommy," cried out the boy.

"Yes," replied lovingly his mother.

"Daddy...?" Wondering, continued the child.

"There," swallowing her tears, replied the perturbed woman, her trembling forefinger signaling the lamp's shadow distinctively outlined on the wall with a man's physiognomy.

୨୦ଓ

Time passed by. The little one had learned to live and chat with the reflected image of his father. Every night at the same time, the three met to share family lovingness. This ritualism ended one torrid afternoon when the departed soldier came back home with the year's return.

Used to the soundless language of the shadow, the boy did not recognize him nor did accept his signs and words of love.

Brutalized by the crash of the war battles, the furious corporal ill-treated his spouse by hastily accusing her of infidelity. And without waiting for explanations, he stormed out into the streets.

With her eyes bloated and her heart tumbling, the emaciated woman also dashed out of the house and ran down to the river to weep loudly her painfulness. But incapable of enduring it within her psyche already spent, she threw her feverish skeletal body into the violent current.

Repented in his thoughts, late in the night, the fugitive former man-at-arms returned. He had decided to give in, reconcile, and listen to reasoning.

Stilly, the dense night had crept in and had lain down in the cryptic-looking cubiculum like a giant black cat.

Like a lamb, the husband entered. He called once, twice, thrice. Nervously, he lit the lamp, and looked for his offended spouse everywhere. He searched in vain.

"Where is she?" Out of his mind, the frightened man asked his taciturn son sitting in a corner like a ghost.

Saying no word, making no sound, the quiet two-year-old gestured with his shaky forefinger at the lamp's luminous shadow projected on the whitewashed wall.

A bloodcurdling, stabbing solitude cleaved the ex-warrior's bones, while in the corral a dog was demonically barking at the night of the howling death.